CATALOGUE

DE LA

Vente volontaire aux enchères publiques

DE

Tableaux, Aquarelles

BRONZES, BIJOUX, OBJETS D'ART

BEAUX MEUBLES

etc.

Qui aura lieu

HOTEL DROUOT, SALLE N° 10

Le Jeudi 14 Juin 1894

A DEUX HEURES

COMMISSAIRE-PRISEUR	EXPERT
Mᵉ G. COULON	**M. VANNES**
56, Faubourg Montmartre	54, Faubourg Montmartre

EXPOSITION PUBLIQUE :
Le Mercredi 13 Juin, de 2 h. à 5 h. 1/2

CONDITIONS DE LA VENTE

La vente sera faite *expressément* au comptant.

Les acquéreurs payeront en sus des adjudications, *cinq pour cent*, applicables au frais de la vente.

L'exposition mettant le public à même de se rendre compte de l'état des objets, aucune réclamation ne sera admise une fois l'adjudication prononcée.

Paris. — Imp. E. Ménard & Ci°, 8, rue Milton.

DÉSIGNATION SOMMAIRE

—

Tableaux, Aquarelles

1 — Andrieux. *Choc de cavaliers.*

2 — Anastasi. *Ruines en Egypte.*
Aquarelle.

3 — Berchère. *Etude* (Provient de
sa vente).

4 — Benassit. *Episode de la guerre
de 1870.* Aquarelle.

5 — Boudin. *Marine.*

6 — **Breughel** (**De Velours ?**). Paysage.

7 — **Cambadgio**. *Paysage.*

8 — **Deveria**. *La Supplique.*

9 — **Diaz** (**N**.). *Les Sorcières.*

10 — **Gassies** (**G**.). *Les Laveuses à Antony.* Aquarelle.

11 — **Gœuneutte** (**Norbert**). *Parisienne.*

12 — **Greuze** (**Ecole de**). *L'Enfant au tambour.*

13 — **Gagliardini**. *Le Pont de Nemours.*

14 — **Grips** (**C.-J.**). *Le Modèle.*

15 — **Japy**. *Environs d'Amiens.*

16 — **Lessi** (**J.**). *Le Bal.*

17 — **Lepic**. *Marine.*

18 — **Linder**. *La Colombe.*

19 — **Martin-Karel**. *Aiguière.*

20 — **Michel**. *Paysage.*

21 — **Parisy**. *Huîtres et crevettes.*

22 — **Priou** (**L.**). *Portrait de Faure,*
de l'Opéra.

23 — **Rossano**. *Le Matin.* Paysage.

24 — **Ribot** (**Théodule**). *Ma Maison.*
Paysage.

25 — **Rosalbin**. *Le Moulin de Châtillon.*

26 — **Trouillebert**. *La Ferme.*

27 — **Verbœkoven** (?). *Marine.*

28 — **Voillemot**. *Jocelyn.*

29 — **Villa**. *La Modiste.*

30 — **Werth**. *Vénus et Adonis.*

31 — Quatre tableaux divers.

Meubles, Bronzes, Objets d'Art

32 — Beau bijou en or, monté de brillants et d'un saphir.

33 — Belle bibliothèque à deux corps. en poirier noirci, à deux larges vantaux et de style Renaissance.

34 — Meuble à cinq rayons, en poirier noirci.

35 — Beau meuble à hauteur d'appui. en poirier noirci, de style Renaissance, à panneaux sculptés en ronde bosse, avec marbre noir à doucine.

36 — Petit meuble de style japonais, incrusté de laque et de nacre.

37 — Tentures de croisée et de portière en drap bleu marine, et fausse cheminée.

38 — Meuble de salon oriental composé d'un canapé, deux fauteuils et deux chaises, le tout couvert en très fine moquette.

39 — Jolie console d'entre-deux, en bois de fer sculpté, repercé et ajouré ; travail chinois.

40 — Belle vitrine de salon de style japonais en bois noir sculpté et repercé.

41 — Chaise-longue à pied abattant, couverte en ratine, de style oriental.

42 — Deux portières en soie rose, brodées de bouquets de fleurs.

43 — Garniture de cheminée en bronze, de style japonais, formée d'une pendule supportée par une chimère et de deux lampes.

44 — Grand Ibis en bronze du Japon, formant lampadaire sur une terrasse de lotus, de fleurs et de feuillages.

45 — Belle table de style Renaissance, à deux faces, en noyer sculpté, à bords chantournés et reposant sur des colonnettes à double tors, le plateau est couvert de vieux cuir de Cordoue.

46 — Petite table carrée, en noyer gravé.

47 — Jardinière rectangulaire en faïence de Collinot.

48 — Quatre portières.

49 — Beau buffet dressoir de salle à manger, de style Renaissance, en noyer, à voussures, sculpté de mufles de lion, à colonnettes et bandes godronnées.

50 — Meuble crédence, de style Renaissance, en noyer sculpté, le soubassement est à deux vantaux, la partie supérieure forme un cabinet, fermé par une porte sculptée en plein bois, d'une allégorie de l'*Aurore*.

20 51 — Table à thé, sur colonnettes, en noyer.

205 52 — Grand lit de milieu, de style Louis XVI, garni en étoffe brochée, avec rampe en peluche vieil or.

61 53 — Tenture du lit, faite d'un baldaquin à draperies de peluche vieil or, deux rideaux, et le fond de lit.

17 54 — Couvre-lit formant édredon.

300 55 — Joli bureau de dame, en palissandre naturel, incrusté de sujets en marqueterie, et de filets en citronnier, la partie supérieure forme un cabinet vitré, et deux autres, fermés à portes pleines.

26

56 — Table de salon, rectangulaire, garnie de peluche rosée.

48. —

57 — Pare-étincelles, en bronze doré, forme éventail.

58 — Belle armoire en pitchpin, à deux larges vantaux garnis de glaces, elle est finement peinte de fleurs, d'oiseaux et d'attributs divers.

30

59 — Petit meuble japonais en bois gravé et formant jardinière.

75

60 — Porte-chapeau et parapluie, d'antichambre, en noyer, garni de cuir gaufré.

61 — Belle pendule en bronze doré au mercure, modèle dit de Trianon.

62 — Meuble vitré, en forme de pagode chinoise, en bois des Iles, incrusté d'ivoire.

63 — Jolie pendule d'époque Empire, en bronze doré au mercure.

64 — Pendule de style Louis XVI, en bronze doré.

65 — Vingt volumes anciens, traitant de l'art héraldique.

66 — Deux cachets en cristal de roche.

67 — Quatre cachets divers, en agate ou bronze.

68 — Garniture de bureau, en agate.

69 — Dix belles pièces de sièges, fauteuils et canapé, en tapisserie au point. Beau travail d'époque Empire, complètement en soie, à guirlandes de fleurs sur fond blanc.

70 — Trois coupes de dentelles de Malines, environ 7 mètres.

71 — Vase en étain ciselé : les *Enfants*, par ENGRAND.

72 — Statuette en bronze représentant le *Mercure*, de JEAN DE BOLOGNE, sur piédouche en marbre.

73 — Statuette en bronze : la *Fortune*, d'après FALCONIS, piédouche en marbre.

74 — Trois tapis en moquette. *(Sera divisé)*.

75 — Sous ce numéro seront vendus les objets non catalogués.